이 책을 구상하기 훨씬 이전부터
도움을 준 마리아 헤수스 카리요에게

Original Title in Spanish: HABLA LA PALABRA. La fabulosa historia de las letras, los libros y las bibliotecas.
ⓒ text: Mar Benegas, 2017
ⓒ illustrations: Miriam Morales Segura, 2017
ⓒ Design and typography: Milenio Publicaciones, S.L. 2018
All rights reserved.

Korean Translation copyright ⓒ 2021, Hanulim Publishing Co., Ltd.
The Korean edition was published by arrangement with Editorial Milenio c/o ANTONIA KERRIGAN LITERARY AGENCY, SPAIN through Literary Agency Greenbook, Seoul.

이 책의 한국어판 저작권과 판권은 저작권에이전시 그린북을 통한 저작권자와의 독점 계약으로 (주)도서출판 한울림에 있습니다.
저작권법에 의해 한국 내에서 보호를 받는 저작물이므로 무단 전재와 복제, 전송, 배포 등을 금합니다.

글자가 자라서 도서관이 되었대!

문자, 책, 도서관에 관한 재미있는 이야기

마르 베네가스 글 미리암 모랄레스 그림
김유진 옮김 김슬옹 감수

한울림어린이

차례

문자 — 5

문자가 말을 한다고? — 6
문자가 없던 때 — 8
그림으로 기록해! — 10
손바닥 그림이 문자라고? — 12
수천 년의 문화를 담는 그릇, 문자 — 14
문자의 힘, 통제의 힘 — 16
이야기가 담긴 상형문자, 표의문자 — 18
세계 최고의 문자, 한글 — 22
살아남은 문자 VS 죽은 문자 — 24

책 — 33

동물 뼈와 거북이 배딱지가 책이라고? — 34
점토에 글을 쓰다! — 36
돌돌 말리는 파피루스 책 — 40
페르가몬에서 탄생한 양피지 책 — 44
책, 모양을 갖추다: 불편함을 덜어 준 코덱스 — 46
종이의 탄생 — 50
인쇄술이 낳은 기적, 종이책! — 52
책 한 권에 이렇게 많은 사람이! — 56

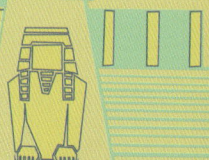

도서관　　　　　　　　　　　　　　　　　　　　59

동굴부터 도서관까지　　　　　　　　　　　　　　60
이집트의 도서관 사서들　　　　　　　　　　　　62
그리스와 로마의 도서관　　　　　　　　　　　　64
세계 최고의 알렉산드리아 도서관　　　　　　　66
도서관을 사랑한 클레오파트라　　　　　　　　70
도서관이 낳은 최초의 여성 과학자 히파티아　72
파괴되고 또다시 세워지는 도서관　　　　　　　74
암흑의 시대, 중세의 도서관　　　　　　　　　　76

인류, 책, 도서관　　　　　　　　　　　　　　　83

보두를 위한 책이 필요해!　　　　　　　　　　　84
도서관은 끝없이 변하고 있어!　　　　　　　　　86
도서관을 이용하려면?　　　　　　　　　　　　　90
최첨단 도서관!　　　　　　　　　　　　　　　　92

도서관에서 쓰는 말말말!　　　　　　　　　　　94

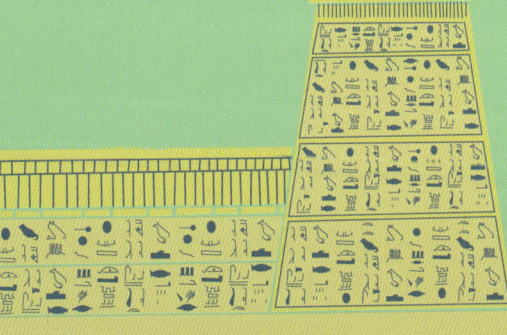

문자가 말을 한다고?

맞아, 문자는 말을 해. 책을 읽을 때, 생각할 때,
뭔가를 설명할 때, 이름을 쓸 때, 우리는 문자로 말을 하지.
문자는 우리에게 꼭 필요한 존재야.

사람은 문자로 소통할 수 있는, 지구에서 하나뿐인 동물이야.
하지만 지금 우리가 쓰는 문자는 아주 오랜 시간 동안 조금씩 발전하면서 만들어진 거란다.
문자가 없던 시절, 사람들은 어떻게 생각을 표현하고 또 기록했을까?

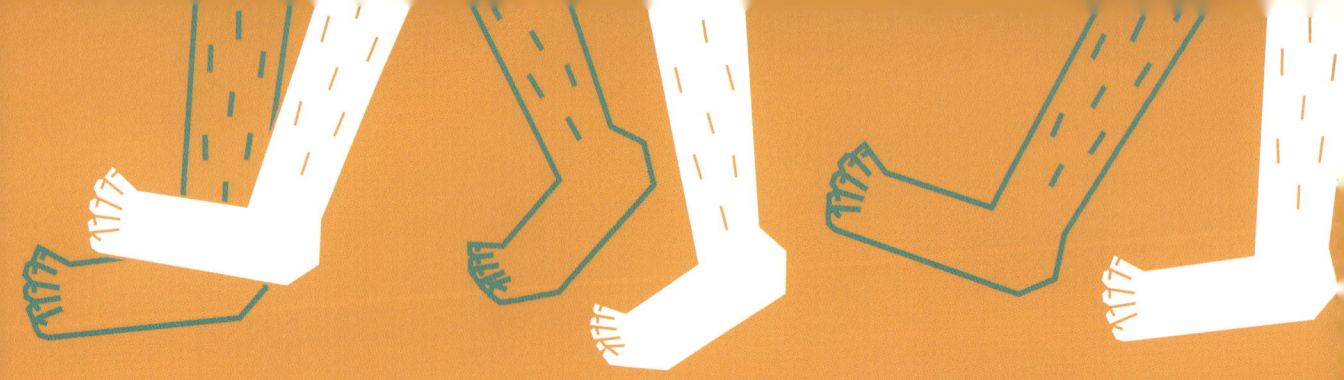

문자가 없던 때

600만~700만 년 전, 사람은 두 발로 걷기 시작했어.
이 차이는 아주 큰 변화를 가져왔단다.
두 손이 자유로워진 선조들은 돌, 막대기, 뼈 등을 도구로 사용하기 시작했거든.
뼈에 구멍을 내거나 기하학적인 모양을 새겨 넣어 생각을 표현하기도 했지.
지금까지 발굴된, 모양이 새겨진 뼈 중에는 140만 년이나 된 것도 있어!

아주 먼 옛날에는 사람도 다른 동물처럼 소리를 지르거나
으르렁거리면서 자신을 표현했다고 해.
사람의 언어는 오랫동안 진화하면서 말과 글로 발전해 온 거야.

지식 하나 더!

종이도, 연필도 없던 때, 사람들은 동물 뼈와 거북이 딱지 등에 무늬를 새겨 넣었어.
그래서 인도유럽어 'kerlsker(자르다, 절단하다, 깎다)'는
스페인어 'escribir(글을 쓰다)'와 영어 'scribe(선을 긋다)'의 어원이야.

문자가 없을 때도 사람들은 살아가는 데 꼭 필요한 내용들을 기억하려고 했어.
사람의 힘으로는 어쩔 수 없는 신비한 자연 현상들도 설명하고 싶어 했지.
예를 들면, 다음과 같은 내용이야.

· 너무 추워! 눈 냄새가 나면 남쪽으로 가야 해. 동굴에 먹을거리를 많이 저장해 두고,
  매머드 가죽으로 외투를 만들어야지.
· 날씨 좋다! 덥지도 춥지도 않아. 나무에는 열매가 주렁주렁 열리고 사냥도 엄청 잘돼.
  신들이 기뻐하는 게 분명해!
· 밤마다 누가 태양을 가지고 가! 태양이 돌아오지 않으면 어쩌지? 영원히 어둠뿐이면?
· 가끔 하늘에 보이는 하얗고 예쁜 불빛은 뭘까? 누가 마법을 쓰는 걸까?
· 달빛 하나 없이 캄캄한 밤은 오지 않았으면 좋겠어. 무서워서 죽을 것만 같아.
· 태양은 신이야. 날마다 빛을 비춰서 우리를 따뜻하게 해 줘.
· 달은 여신이야. 매일 밤 어둠을 비춰서 두려움을 없애 줘.
· 태양의 신과 달의 신을 위한 축제를 열자.
  신을 기쁘게 하면 사냥이 더 잘 되겠지?
· 빨간색 열매를 8개 먹으면 죽어. 그런데 반 개만 먹었더니 두통이 사라졌어.

사람들은 사냥이 잘 안 되면 신이 벌을 내린다고 생각했어.
그래서 동굴 벽에 그림을 그리며
다음 사냥이 잘되기를 기도했지.
사냥이 잘되면 그때도 신에게 감사하며
동굴 벽에 그림을 그렸어.
동굴벽화는 이렇게 탄생했단다!

손바닥 그림이 문자라고?

옛날 우리 선조들은 계절마다 동굴을 옮겨 다니며 유목생활을 했어.
동굴 벽에 간단한 그림을 그리거나 또 문자를 남겨서
이곳이 좋은 지역인지, 먹을거리나 사냥거리가 많은지,
물과 과일나무가 가까이 있는지와 같은 정보를 남기기도 했어.
사람들은 이렇게 정보를 교환하면서 서로 소통했단다.

문자가 나타나기 수천 년 전에도 사람들은 이야기를 만들고 또 나누었어.
동굴 바닥에 앉아 다친 동물의 위험과 목숨을 앗아 가는 벼락, 불,
풍부한 식량을 안겨 주는 비옥한 땅에 대해 이야기하는 모습을 상상해 봐.
동물들의 울음소리가 들려오는 밤이면 사람들은 두려움을 떨쳐 내려고 이야기를 나누었어.
동굴 벽에 손바닥 그림을 남기기도 했지.
손바닥 그림은 자신의 존재를 나타내는 한편으로,
야생동물의 위험을 알려 주는 역할을 했을지도 몰라.
어쩌면 위험하다는 사실을 스스로 기억하려고
손바닥 그림을 남겼을지도 모르지.

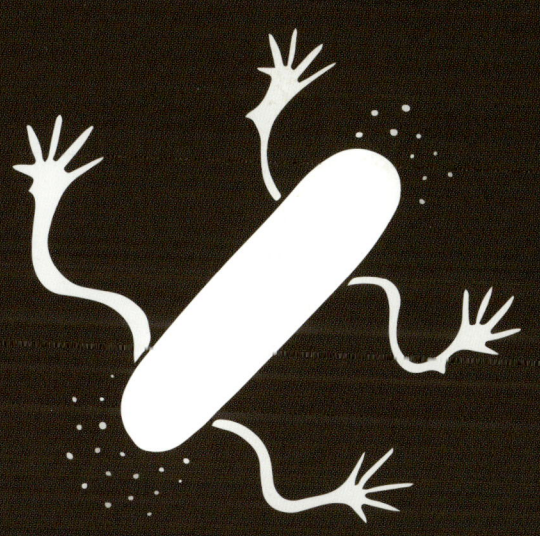

지식 하나 더!

동굴 벽에 그려진 손바닥 그림을 인류 최초의
문자로 보는 학자들도 있어.
하지만 손바닥 그림은 문자로만 쓰이지 않았어.
아주 오래전부터 장식이나 종교 의식을 위한
그림 기법으로 쓰였지. 이렇게 만들어진
손바닥 벽화는 세계 곳곳에서 발견되고 있단다.

불을 다루고 또 정착생활을 시작하면서 사람들의 삶은 아주 크게 달라졌어.
농사를 짓고, 동물을 기르며 집을 짓는 등 자급자족하는 방법을 배우면서
식량을 안정적으로 구할 수 있게 되었거든.
사람들은 이제 다른 능력을 발전시킬 여유를 갖게 되었어.

사람들은 끊임없이 눈에 보이지 않는 이치들을 고민했어.
종교 의식을 만들어서 악한 영혼을 물리치고
자손이 번창할 수 있기를 기도하기도 했지.
한편으로는 불로 흙을 구워서 그릇을 만들고, 철을 만들고,
목재, 천연 염료와 물감을 사용하기 시작하는 등 다양한 도구를 발달시켰어.
도구를 이용하여 색을 칠하고, 그림을 그리고, 조각을 하며
다양한 감정을 표현하기도 했지.

사람은 여느 동물들처럼 강한 힘, 두꺼운 가죽, 단단한 발이 없는 대신,
어떤 동물보다 큰 뇌를 갖고 있어.
뇌 덕분에 사람은 상상력을 발휘하여 도구를 사용하고
문자와 문명을 발달시킬 수 있었단다.

문자 덕분에 우리는 지금 직접 만나지 않고도
수만 년의 역사를 몇 개의 문장으로 이야기할 수 있지!

수천 년의 문화를 담는 그릇, 문자

문자의 힘, 통제의 힘

사회가 발전하고 도시가 성장하면서 문자는 정보 전달과 소통 외에
또 다른 역할을 하기 시작했어.

첫째, 재산을 관리하고 사람들을 통제했어.
사람들이 모이고 도시가 만들어지자, 물건을 사고팔고, 돈을 빌리고,
세금을 매기고 내는 등의 활동이 활발해졌어. 많아진 재산을 관리하려면 문자가 있어야 했지.
문자는 사람들을 지배하고 통제하는 수단으로 쓰였어.

둘째, 종교지도자들은 신의 가르침을 기록하고 종교 의식을 알리기 위해 문자를 사용했어.
이로써 죽음과 같은, 알 수 없는 것에 대한 사람들의 두려움을 통제했지.

초기에 만들어진 문자는 굉장히 복잡해서 읽고 쓸 수 있는 사람이 아주 적었어.
이때 문자를 아는 건 권력을 가진 것과 같았단다.

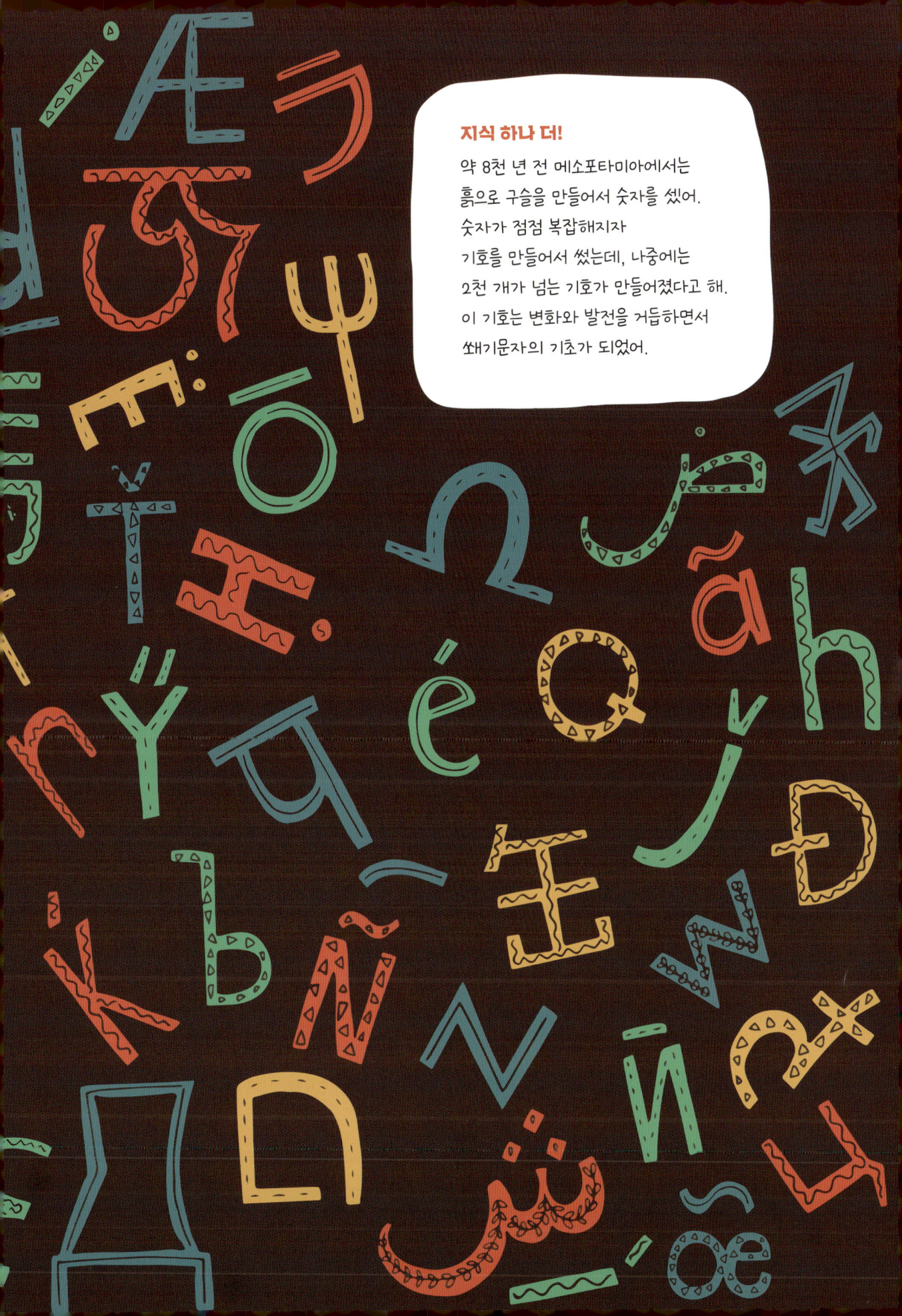

지식 하나 더!

약 8천 년 전 메소포타미아에서는 흙으로 구슬을 만들어서 숫자를 셌어. 숫자가 점점 복잡해지자 기호를 만들어서 썼는데, 나중에는 2천 개가 넘는 기호가 만들어졌다고 해. 이 기호는 변화와 발전을 거듭하면서 쐐기문자의 기초가 되었어.

지식 하나 더!

그리스어 'ηιερό(hiero, 신성한)'와 'γλυφάδα(glifo, 새겨진/그려진)'이 발전해서 영어 Hieroglyph(상형문자)가 되었단다.

이야기가 담긴 상형문자, 표의문자

이집트 상형문자

문자가 만들어지기 전, 사람들은 그림을 그려서 생각을 표현했어.
태양, 새, 나무처럼 눈에 보이는 것들뿐만 아니라,
정의, 평화, 사랑, 선, 악과 같은 눈에 보이지 않는 것까지 그림으로 표현하려고 했지.
그래서 사람들은 그림을 바탕으로 문자를 만들고 또 사용하기 시작했어.
이렇게 만들어진 문자를 표의문자라고 해.
고대 이집트에서 사용하던 상형문자는 대표적인 표의문자란다. 몇 가지 예를 들어 볼까?
이집트 상형문자에서 마트 여신의 타조 깃털은 정의를 상징했어.
깃털이 모두 같은 것처럼, 정의가 모든 사람에게 똑같이 적용돼야 한다는 뜻이 담겨 있지.
그 밖에도 독수리는 어머니를 상징했어.
태양은 낮을 나타냈고, 높이 나는 매는 신성하고 귀하다는 뜻이었어.
사람들은 여러 상징을 합쳐서 또 다른 글자를 만들기도 했어.
예를 들어, 양팔저울 문자는 죽은 자들의 심판을 뜻했어. 저울의 한쪽 접시에는
심판 받는 사람을 상징하는 심장이, 다른 쪽에는 마트 여신을 상징하는 깃털이 놓여 있는데
심판 받는 사람이 죄가 없다면 두 접시는 균형을 이루지만,
깃털이 더 무겁다면 심판 받는 사람은 영원히 살 수 없다는 뜻이었어.
물론 이 모든 상징과 문자의 뜻을 아는 건 자유로운 시민뿐이었어.
노예들은 글을 읽거나 쓸 수 없었기 때문이야.

이집트 상형문자는 왼쪽에서 오른쪽으로,
또는 오른쪽에서 왼쪽으로 읽을 수 있었어.
문자 속 동물이나 사람의 눈빛이 오른쪽을 향하고 있으면 오른쪽부터 읽고,
눈빛이 왼쪽을 향하고 있으면 왼쪽부터 읽으라는 뜻이었지.

중국은 상형문자를 바탕으로 발전한 표의문자를 써.
모든 글자가 다른 소리와 뜻을 가지고 있기 때문에
중국 문자를 읽고 쓰기 위해서는 수천 개의 글자를 공부해야 한단다.

중국 문자는 획을 더하거나 서로 다른 글자를 더하면
다른 뜻을 가진 또 다른 글자가 돼.
木(나무) 위쪽에 점을 두 개 더하면 米(쌀)이 되고,
木을 나란히 쓰면 林(숲)이 되는 식이지.

지식 하나 더!
인류 역사에서 문자는 굉장히 중요한 역할을 했어.
약 6천 년 전에 문자가 탄생하면서,
인류는 세상에서 일어나는 일을 글로 기록하게 되었지.

지식 하나 더!
중국 문자에서 木(나무)에
人(사람)을 더하면
休(쉬다)가 돼.

세계 최고의 문자, 한글

알파벳은 그림에서 시작되었어.
M은 파도를, A는 황소 머리 모양을 나타낸 그림에서 왔지.
하지만 알파벳들은 원래 뜻과는 상관없는, 소리를 나타내는 기호로만 남아 있어.

세계 문자학자들은 한글이 이러한 알파벳보다 뛰어난 문자라고 말해.
한글은 그림문자, 표의문자, 표음문자보다 한 단계 발전한 문자이기 때문이지.
세종대왕은 발음 기관 또는 발음하는 모양을 본떠서 자음 17자를 만들고,
하늘을 뜻하는 ·(아래아), 땅을 뜻하는 ㅡ, 사람을 뜻하는 ㅣ를 결합하여
모음 11자를 만들었어. 세종이 반포한 훈민정음 28자를 조합하면
세계 모든 말과 소리를 표현할 수 있지.

한글의 과학성과 우수성은 인공지능 시대를 맞아 더 빛을 발하고 있어.
영화 〈스타워즈〉에는 은하계에서 쓰이는 수백만 가지 모든 언어를 통역할 수 있는
인공지능 로봇이 나와. 한글을 바탕으로 하면, 정말 이런 로봇을 만들 수 있단다.
한글 자음과 모음이 새겨진 자판으로 세계 모든 언어를 표기할 수도 있어.
실제로 영어 알파벳 대신 한글 자모가 새겨진 세계 공용 스마트폰 자판이 개발되고 있단다.

뿐만 아니야. 한글은 사라질 위기에 처한
소수 민족의 말을 지키고 보전하는 일에도 도움을 주고 있어.
한 보기로, 인도네시아 섬에 사는 찌아찌아족은 한글을 문자로 쓰고 있어.
한글을 이용하면 인도네시아 문자로는 표기할 수 없었던
찌아찌아족의 말소리를 완벽하게 표현할 수 있기 때문이지.
한글은 찌아찌아족의 문화를 이어 가고, 또 소통하는 데 부족함이 없어.

한글은 지금 세계로 뻗어 나가면서 독보적인 우수성을 자랑하고 있어.
세종대왕은 1446년에 한글을 반포하면서
이런 미래를 내다본 게 아닐까?

지식 하나 더!

한글은 만든 사람이 누구인지,
어떤 의도를 가지고 어떤 원리로
만들어졌는지를 알 수 있는
세계에서 하나뿐인 글자야!
세종대왕이 한글을 만들어 반포하고
그 창제원리를 《훈민정음》 해례본에
밝혀 놓았기 때문이지.

살아남은 문자 VS 죽은 문자

문자는 태어나서 발전하고 재생산되고 또 죽음을 맞이해.
고대 라틴어와 수메르인들이 쓰던 문자처럼,
세상에는 더 이상 쓰이지 않는 죽은 문자들도 많아.
살아남은 문자에서 죽은 문자의 흔적이 발견되기도 한단다.
중국에서 쓰는 한자는 죽지 않고 살아남은 대표적인 고대 문자야.
한자를 보면 문자의 탄생, 발전, 재생산 과정을 살펴볼 수 있어.
문자의 죽음을 상상해 볼 수도 있지!

문자의 탄생

- 중국에서 발견된 가장 오래된 문서는 약 3천 년 전 중국 상왕조 시대에 만들어졌어.
  거북이 배딱지와 동물 견갑골(팔뼈와 몸통을 연결하는 뼈)에 새겨진 갑골문자가 그 시작이었지.
- 전설에 따르면, 제비 한 마리가 부리에 문자를 물고 내려와
  상왕조의 초대 황제에게 건네주었다고 해. 지어낸 이야기 같다고?
  스스로를 신으로 여겼던 이집트 파라오들의 이야기도 마찬가지야.
  엄청난 권력을 가진 사람들이 읽고 싶어 하는 내용만 기록해 놓았기 때문이지.
- 중국의 초기 문자는 신성한 내용을 기록하고 또 읽어 주는 도구였어.
  상왕조 시대에 거북이 배딱지에 쓰인 갑골문자는 미래를 점치는 데 쓰였지.
  문자는 신성한 것이었고, 글을 읽고 쓸 수 있는 제사장들은 두려움과 존경의 대상이었어.

지식 하나 더!
마야와 아즈텍 제국에서는 고대 상형문자를 썼어.
지금은 쓰지 않는 죽은 문자지만,
이 문자들 중 일부는 바위에 암각화 형태로 남아 있어.

문자의 발전

- 중국의 한자는 수천 년에 걸쳐서 발전했어.
  하지만 오랫동안 중국에서 문자를 다룰 수 있는 사람은 아주 적었단다.
  제사장들을 위한 학교를 세우고 문자를 읽고 쓰는 법을 가르치기도 했지만,
  이 학교를 다닐 수 있는 사람은 아주 적었어.
- 중국에는 10여 개의 방언(사투리)이 있는데, 서로 소통이 불가능할 정도로
  너무 많이 달라. 그래서 중국 정부는 표준중국어를 만들고
  방송이나 공식 행사, 신문이나 책 등에는 표준중국어만 쓸 수 있도록 했어.
  표준중국어 덕분에 지금 13억 명이 넘는 중국 사람들은 원활하게 소통할 수 있단다.

문자의 재생산

- 중국 문자는 상형문자를 바탕으로 발전한 표의문자야. 글자마다 뜻과 읽는 법이
  다르기 때문에 글을 읽고 쓰려면 3천 개가 넘는 한자를 익혀야 하지.
  하지만 한자는 획수가 많고 복잡한 글자가 많아서, 익히기가 쉽지 않아.
  중국 정부는 사람들이 문자를 좀 더 쉽게 익힐 수 있도록 비교적 획수가 적은
  간체자를 만들어서 보급했어. 간체자 덕분에 중국의 문맹률은 아주 낮아져서
  지금은 대부분의 중국인들이 문자를 읽고 쓸 수 있어.
- 언어는 주변으로 확산되고 재생산돼. 중국의 한자는 우리나라, 일본, 대만 등으로
  퍼져 나가 그 나라에 맞게 변형되어 사용되고 있어.
  그래서 한국, 중국, 일본 세 나라를 묶어서 '한자문화권'이라고 부르기도 한단다.

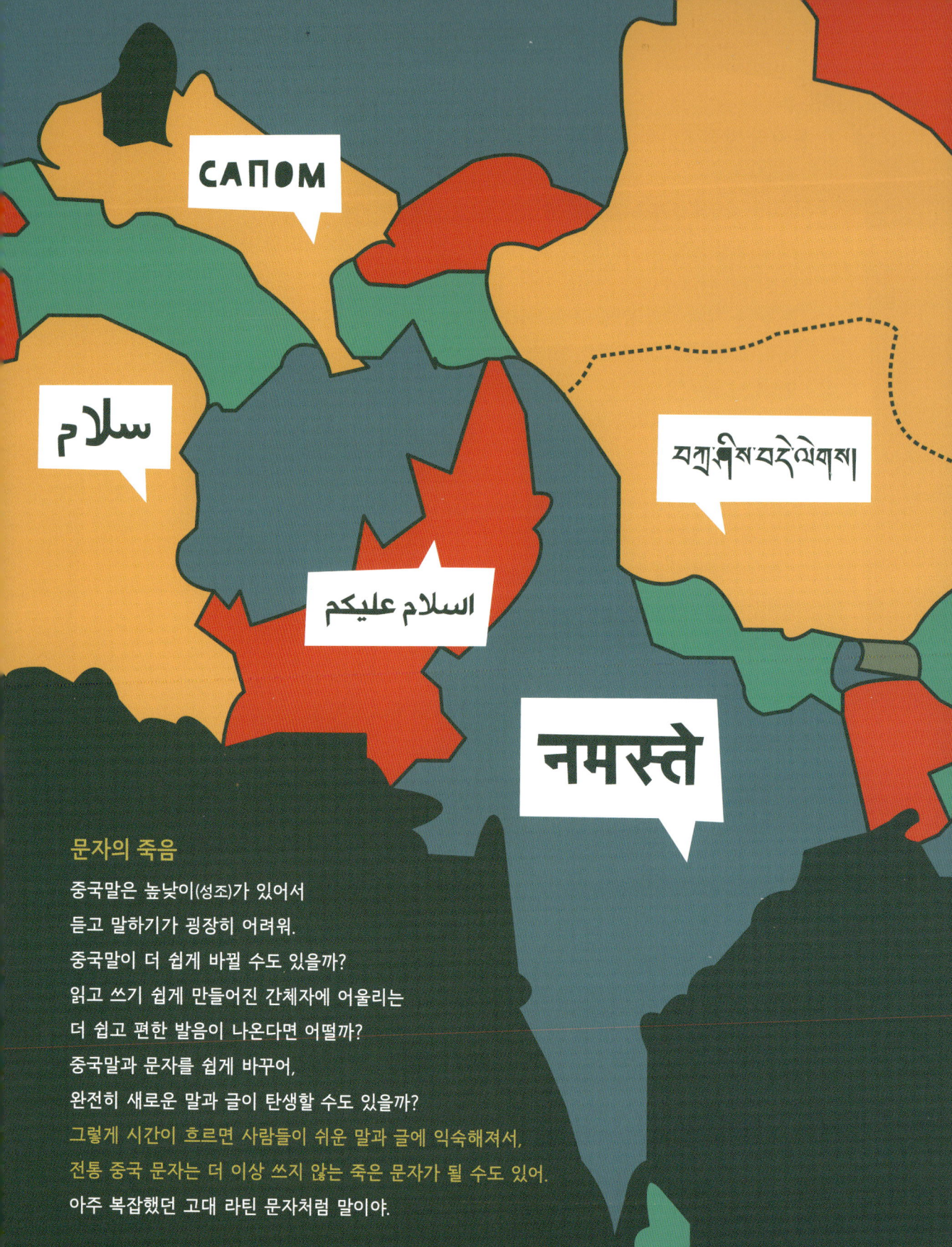

문자의 죽음

중국말은 높낮이(성조)가 있어서
듣고 말하기가 굉장히 어려워.
중국말이 더 쉽게 바뀔 수도 있을까?
읽고 쓰기 쉽게 만들어진 간체자에 어울리는
더 쉽고 편한 발음이 나온다면 어떨까?
중국말과 문자를 쉽게 바꾸어,
완전히 새로운 말과 글이 탄생할 수도 있을까?
그렇게 시간이 흐르면 사람들이 쉬운 말과 글에 익숙해져서,
전통 중국 문자는 더 이상 쓰지 않는 죽은 문자가 될 수도 있어.
아주 복잡했던 고대 라틴 문자처럼 말이야.

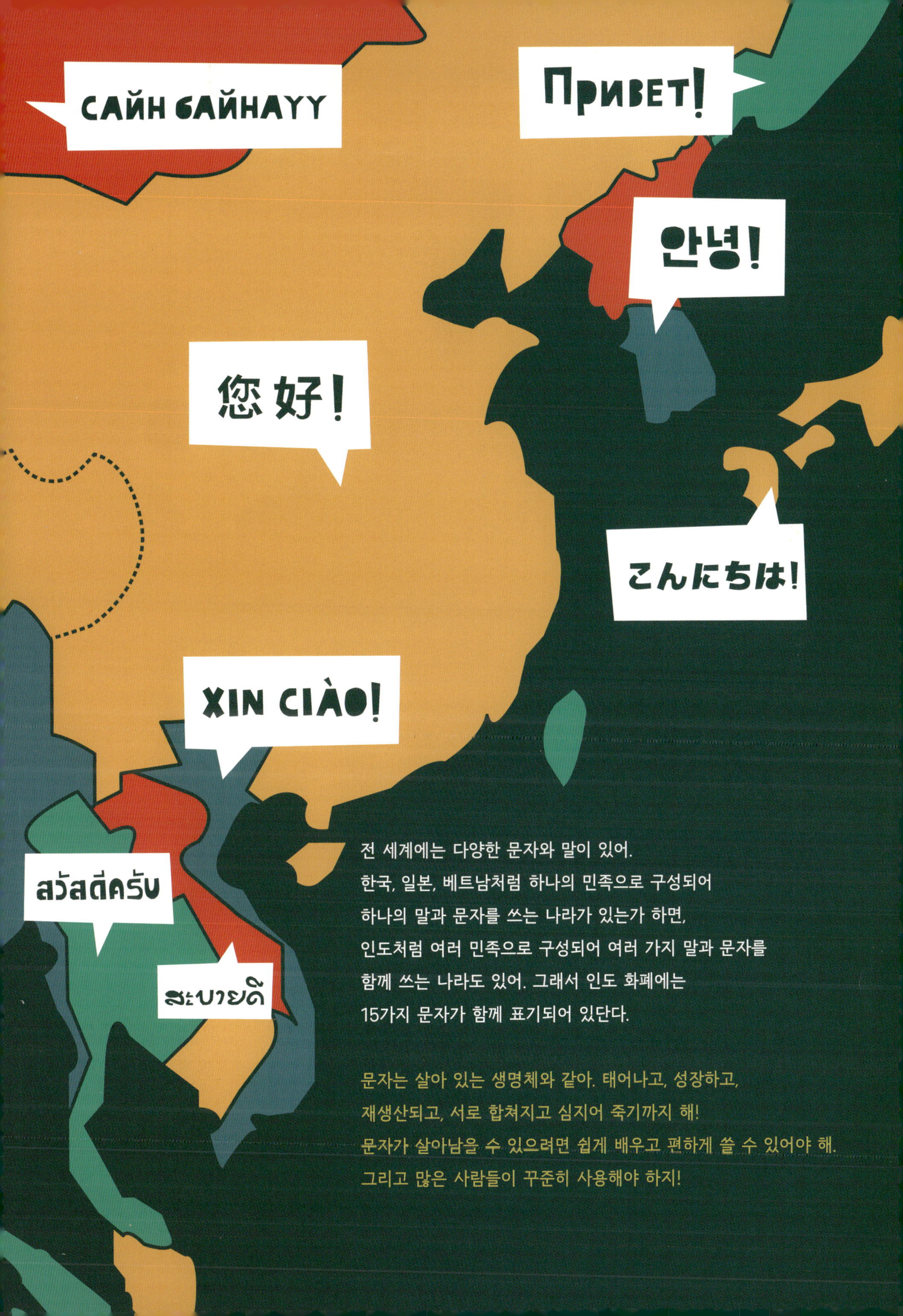

САЙН БАЙНАУУ

Привет!

안녕!

您好!

こんにちは!

XIN CIÀO!

สวัสดีครับ

สะบายดี

전 세계에는 다양한 문자와 말이 있어.
한국, 일본, 베트남처럼 하나의 민족으로 구성되어
하나의 말과 문자를 쓰는 나라가 있는가 하면,
인도처럼 여러 민족으로 구성되어 여러 가지 말과 문자를
함께 쓰는 나라도 있어. 그래서 인도 화폐에는
15가지 문자가 함께 표기되어 있단다.

문자는 살아 있는 생명체와 같아. 태어나고, 성장하고,
재생산되고, 서로 합쳐지고 심지어 죽기까지 해!
문자가 살아남을 수 있으려면 쉽게 배우고 편하게 쓸 수 있어야 해.
그리고 많은 사람들이 꾸준히 사용해야 하지!

자주 쓰는

지식 하나 더!

전 세계는 말과 문자, 문화를 주고받으며 교류하고 있어.
피자, 베이컨, 피아노처럼 특정한 나라에서 만들어져 전 세계로 퍼져 나간 낱말들도 많아졌지.
이처럼 외국에서 들어와 우리나라에서 널리 쓰이는 말을 차용어 또는 외래어라고 해.
하지만 꼭 필요한 경우가 아니라면, 순화된 우리말을 쓰는 편이 좋아.
셰프는 주방장, 러닝화는 운동화, 이메일은 전자우편으로 쓸 수 있지.
이처럼 쉬운 우리말이 있는데도 외래어를 쓴다면, 차용이 아니라 침해일 거야.

외래어

베이컨

스마트폰

러닝화

리모컨

이메일

동물 뼈와 거북이 배딱지가 책이라고?

종이가 없던 때, 사람들은 동물 뼈에 문자를 새겼어.
중국 은나라 유적지에서는 점술과 예언이 기록된
수천 개의 짐승 뼈와 거북이 배딱지/등딱지가 출토되었어.
금속기 시대 초기에 만들어진 납판이나 철광판에는
종교 의식을 위한 글이 새겨져 있었지.
하지만 이렇게 딱딱하고 무거운 재료들은 오랫동안 쓰이지 못했어.
도시, 사회, 무역, 종교, 문자가 발전하면서
글을 쓰는 재료는 여러 변화를 겪었단다.

지식 하나 더!

동물 뼈와 거북의 딱지에
질문과 예언을 기록한 갑골문자 외에도
중국에는 소를 죽여서 굽의 모양을 보고
길흉을 점치는 '우제점법(牛蹄占法)'이 있었어.
이 점술은 한때 일본에서도 많이 쓰였어.
캐나다와 시베리아 산맥 일부 지역에서는
아직까지도 우제점법을 쓰고 있다고 해.

메소포타미아의 수메르인들은 단단하지 않으면서도 비교적 다루기 쉬운
점토에 글을 쓰기 시작했어. 매끄럽고 얇은 점토판을 만든 다음,
점토가 마르기 전에 갈대나 금속으로 문자를 기록한 거야.
수메르인들은 쓰는 시간을 줄이기 위해서 '좌우교대서법(左右交代書法)'을 썼어.
첫째 줄에서는 왼쪽에서 시작해 오른쪽으로 글씨를 써 나갔다면,
둘째 줄에서는 오른쪽에서 시작해 왼쪽으로 좌우가 뒤집어진 글자를 써 나가고,
셋째 줄에서는 다시 왼쪽에서 오른쪽으로 글자를 쓰는 방식이었지.
고대 그리스, 수메르 점토판, 금속판에서도 좌우교대서법을 찾아볼 수 있어.
수메르인들이 점토판에 새긴 문자 모양이 쐐기(V 모양으로 깎인 나무못)를
닮았기 때문에 사람들은 이 문자를 쐐기문자(설형문자)라고 부른단다.

11 점토에 글을 쓰다!

지식 하나 더!

좌우교대서법은 우경식 서법(牛耕式書法)이라고도 해. 손을 떼지 않고 줄을 바꿔 가며 글자를 쓰는 모습이 소가 밭을 가는 모습과 비슷하다고 해서 붙은 이름이야. boustrophedon(좌우교대서법)이라는 영어 단어는 고대 그리스어 βοῦς(황소)와 στροφή(돌다)가 합쳐서 만들어졌어.

점토판에 쓰인 《길가메시》는 역사에 기록된
첫 번째 문학작품이야.
길가메시는 고대 메소포타미아 수메르 왕조 초기에
살았던 사람으로, 우루크 제1왕조의 왕이었지.
하지만 점토판에는 길가메시가
반은 신이고 반은 사람인 존재로,
수많은 모험과 불행을 겪으면서
영웅이 되었다고 기록돼 있어.
이처럼 인류 초기의 책들은
실재하는 인물에 상상력을 더해서
훌륭하고 재미있는 영웅 이야기를 그려 내곤 했어.

1

2

3

4

돌돌 말리는 파피루스 책

이집트 나일강에는 긴 줄기와 무성한 잎을 가진 파피루스가 자라.
오늘날에는 인공연못에서도 볼 수 있지만,
옛날에는 나일강에서만 파피루스를 볼 수 있었어.
이 식물은 밑부분이 물에 잠겨 자라는 반수중식물로,
최대 6미터까지 자란다고 해.
줄기가 매우 질겨서 옛부터 바구니, 깔개와 같은
다양한 물건의 재료로 쓰였단다.
어느 날, 누군가 파피루스에 문자를 기록해 봐야겠다고 생각했어.
그리고 이 생각은 엄청난 결과로 이어졌지!
파피루스는 단단한 돌이나 뼈, 점토에 글을 쓰는 것보다 훨씬 편리했어.
사람들은 파피루스를 한 장 한 장 손으로 만들어서 이은 다음,
단단한 금속을 양쪽 또는 한쪽에 대고
돌돌 말아서 책으로 만들기 시작했어.

파피루스를 만드는 과정은 다음과 같아.

1. 잘 자란 파피루스를 고른다.
2. 줄기 부분을 자른다.
3. 껍질을 벗긴 다음, 속 부분을 두드려서 평평하게 만든다.
4. 줄기들을 물에 적신 다음, 얼기설기 엮는다.
5. 물이 잘 빠지는, 평평하고 단단한 곳에 올려 둔다.
6. 망치로 두드려서 다시 평평하게 만든다.
   (이 과정에서 얼기설기 엮어 놓은 부분이 서로 이어지면서 단단해진다.)
7. 다 마를 때까지 기다린다.

파피루스로 만든 종이는 오늘날에도 찾아볼 수 있어!

파피루스는 이집트뿐만 아니라 고대 그리스와 로마 제국에서도 쓰였어.
동양에서 종이 만드는 기술이 전해지기 전까지, 중세 유럽에서도 쓰였지.
오랫동안 수천, 수만 권의 파피루스 책이 만들어졌어.
하지만 파피루스 종이는 만드는 데 오랜 시간이 걸렸고, 값도 비쌌어.
파피루스 위에 글자를 쓰려면 많은 연습과 기술이 필요했지.
절대로 실수해서는 안 됐기 때문이야.
한 쪽을 거의 다 썼는데 마지막 글자를 잘못 썼다면? 처음부터 다시 써야 했어.
하나뿐인 원본을 망가뜨리거나 잃어버리면? 되돌릴 방법이 없었어.
하지만 이토록 어렵게 만들어진 파피루스 책들은 전쟁, 화재, 전염병, 습기 등으로
대부분 사라져 버렸어. 인류 역사의 반이 파피루스 책과 함께 지워져 버린 거야.

지식 하나 더!

이집트의 파라오들과 귀족들의 무덤에서는 보관 상태가 좋은 파피루스 책들이
많이 발견되었어. 영국 대영박물관에는 40.52미터에 이르는 파피루스 책이
보관되어 있는데, 이것 역시 파라오의 무덤에서 발견되었지!
가장 많이 발견된 파피루스 책은 《죽은 자들을 위한 책》이야.
인류 역사상 처음으로 판매된 책이자, 첫 번째 베스트셀러라고 할 수 있지.
이 책에는 죽은 자들의 세계에서 어떻게 살아가야 하는지 정보가 담겨 있어.

고대 이집트 사람들은 죽은 자들의 세계가 있다고 믿었고,
그 세계에서 잘 살아가려면 여러 가지 지식과
물건이 필요하다고 생각했어.
책도 그중 하나였지.
고대 이집트에서 문자를 쓰고 읽을 수
있는 사람은 제사장뿐이었어. 그래서
제사장들은 《죽은 자들을 위한 책》의
필사본을 계속해서 만들어야 했지.
무덤 주인의 이름을 적을 칸만 비워 놓고!

죽은 자들을 위한 책

페르가몬에서 탄생한 양피지 책

파피루스는 습기에 약해서 보관이 굉장히 어려웠어.
게다가 파피루스는 이집트에서만 자라는 식물이었기 때문에
다른 나라에서 파피루스 책 한 권을 만들려면 아주 많은 돈을 들여야 했지.
사람들은 고민 끝에 동물 가죽에 문자를 적기 시작했는데, 이것을 양피지라고 해.
양피지를 만드는 과정은 다음과 같아.
1. 동물 가죽을 깨끗하게 씻은 다음, 2. 석회 물에 담가 두었다가,
3. 팽팽하게 당기면서 잘 문질러서 얇고 부드럽게 만든다.
4. 잘 말린 다음, 5. 가장자리를 잘라서 네모나게 만든다.

양피지는 습기에 강해서 오랫동안 보관할 수 있었어.
쓰다가 틀리면 지울 수도 있었지!
양피지는 파피루스와 함께 종이가 만들어지기 전, 중세 말까지 널리 쓰였어.

파피루스나 양피지 책을 두루마리로 만드는 방법에는 두 가지가 있었어.
단단한 막대를 양끝에 댄 다음 양쪽에서 가운데로 말거나,
막대를 한쪽 끝에 대고 위에서 아래로 마는 거야.
단, 고대 도시의 중요한 규정이나 법을 적었을 때는 위에서 아래로 말았어.
어떤 방법이든 돌돌 말린 책을 편하게 읽기는 어려웠지.
앞에서 읽은 내용을 다시 보려면 두루마리를 풀어서 펼쳐야 했으니까.
만약 책이 바닥에 떨어져서 풀리면 어떻게 될까?
40미터나 되는 긴 책을 다시 돌돌 말아야 한다고 상상해 봐!

지식 하나 더!

두루마리는 '두루+말(다)+이'가 합쳐진 낱말로,
빠짐없이 골고루(두루) 만(말다) 것(명사를 만드는 말)을 뜻해.
두루마리 책을 뜻하는 독일어 rotulus는 고대 라틴어로는 '작은 바퀴'라는 뜻이야.
두루마리 책을 읽으려면 계속 바퀴처럼 굴려야 하기 때문에 붙여진 이름이지.
이처럼 세상 모든 낱말들은 흥미로운 이야기를 품고 있어. 낱말이 어디서 왔는지,
어떻게 만들어졌는지와 같은 이야기를 밝히는 학문을 '어원학'이라고 한단다.

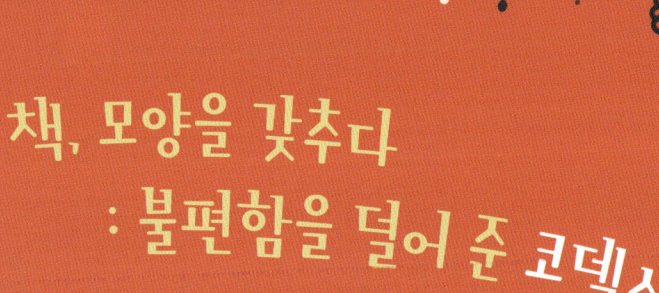

책, 모양을 갖추다
: 불편함을 덜어 준 코덱스

사람들은 좀 더 편하게 글을 읽을 수 있도록 코덱스(codex)를 만들었어.
코덱스는 파피루스 낱장을 나란히 쌓아 올린 다음,
한쪽에 끈이나 나무, 금속을 덧대어 묶는 제본 방식이야.
오늘날의 공책처럼!
사람들은 코덱스 방식으로 만든 책 표지에 밀랍을 입혀서 더 단단하게 만들곤 했단다.
처음으로 만들어진 코덱스는 나무판을 이용한 것이었다고 해.
코덱스 방법으로 책을 묶으면 보고 싶은 내용을 금세 찾을 수 있고, 펼쳐 보기도 쉬웠어.
그래서 공부하는 사람들뿐 아니라 상인들의 장부에도 코덱스가 활용되었단다.
하지만 법이나 종교 의식에 관한 내용을 기록할 때는 여전히 두루마리를 썼어.
지금도 서양 국가들은 의례적인 자리에서 종이 두루마리를 쓰곤 해.

파피루스 대신 양피지에 글을 쓰는 경우가
많아지면서 코덱스는 더욱 발전했어.
사람들은 양피지에 문자를 썼고,
여러 장이 모이면 코덱스로 묶었어.
이미 묶인 여러 권을 다시 실로 엮어
더 두껍게 만들기도 했지.
이렇게 오늘날과 같은
책 모양이 갖춰지기 시작했어.
마술사들이 두꺼운 책을 펼치고
주문을 외우는 모습을
영화나 책에서 본 적이 있니?
그 책들이 바로 중세에 만들어진
코덱스란다!
코덱스 중에는 수천 페이지를
묶은 것도 있었다고 해.

코덱스는 엄청난 발명이었어. 종이 낱장을 쌓아서 실로 엮는 방법은
오늘날 책을 만들 때도 쓰이고 있지.
두루마리 방식에 코덱스 방식이 더해지면서 더 많은 책이 만들어졌어.
지식에 대한 관심도 높아졌지. 사회가 발달하고 거대한 제국이 생겨나면서
사람들은 학자, 철학가, 시인과 같은 지식인들의 생각을 보존하고 싶어 했어.
코덱스는 아주 좋은 수단이었지.

지식 하나 더!

멕시코와 중앙아메리카 지역에서 살았던 마야인들은
유럽보다 더 먼저 코덱스를 쓰고 있었어.
이들은 나무나 가죽에 붓으로 기록을 남겼고, 낱장을 아코디언 모양으로 이어 붙였어.
하지만 마야인들이 만든 코덱스는 대부분 파괴되어서, 지금은 10개도 채 남지 않았어.
그나마도 유럽 박물관에 뿔뿔이 흩어져 보관되고 있지.
유럽인들이 아메리카 대륙을 정복하면서 원주민들의 문화, 예술, 전통, 종교,
언어 모두를 무시했기 때문이야. 유럽인들은 원주민의 생명조차 존중하지 않았어.

종이가 발명되기 전까지, 인도 사람들은 나무껍질, 야자나무잎, 상아판 등에 문자를 기록했어.
중국 사람들은 얇게 자른 대나무나 비단, 린넨 등에 문자를 썼지.
그런데 대나무는 무겁고 커서, 책 한 권을 옮기려면 수레가 필요할 정도였다고 해.
비단은 누에고치에서 뽑은 실로 만들기 때문에 만들 수 있는 양이 적고, 아주 비쌌단다.
그래서 사람들은 값싸고 쉽게 만들 수 있는 재료를 찾으려고 노력했어.
비단 조각들을 이어 붙여 쓰기도 했지만,
비단은 자투리 조각이 거의 나오지 않기 때문에 여전히 값이 비쌌어.
105년, 중국의 채륜은 나무껍질, 뽕나무 섬유, 면직물 조각, 낚시 그물망 등을
모아쓰다가 우연히 섬유소를 뽑아냈어.
채륜은 이 섬유소를 반죽해서 말린 다음, 아주 얇아지도록 눌렀지.
이렇게 종이가 탄생했어!
종이를 만드는 방법은 동양에서 서양으로 빠르게 전파되었어.
그리고 지금까지, 모든 책은 종이에 인쇄되고 있어.

종이의 탄생

지식 하나 더!

책은 새것이든 헌것이든 책 고유의 향이 나.
막 인쇄를 마치고 세상에 나온 새책에서는 정말 좋은 향이 나지.
세월의 흔적이 묻은 헌책에서는 주변에서 일어난 상황들을
고스란히 담은 향이 나. 그래서일까?
헌책에는 더 많은 지식이 담긴 것 같아!

책이 발전할 수 있었던 또 하나의 요인은 인쇄술이야.
인쇄술이 발명되면서 책을 모두 베껴 써야 하는 수고가 사라졌어.
사람들은 같은 내용의 책을 몇 권이고 만들 수 있게 되었지.
동양에서 시작된 인쇄술은 크게 목판 인쇄술과 활판 인쇄술로 나뉘어.

목판 인쇄술은 문자들을 나무판에 새긴 다음 잉크를 묻혀 종이에 찍어 내는 방법이야.
복사본을 많이 만들 수 있지만, 새로운 책을 만들 때마다
모든 페이지의 문자들을 다시 새겨야 하는 단점이 있었어.
그래서 오늘날에는 예술 작품 등에만 목판 인쇄술이 쓰이고 있지.
전 세계에서 가장 오래된 목판 인쇄물은 705년경에 우리나라에서 만들어진
《무구정광대다라니경》이야. 이 책은 1966년에 불국사 석가탑 사리함 속에서 발견되었단다.
중국에서 가장 오래된 목판 인쇄물은 《금강반야바라밀경》으로
868년에 인쇄되었다고 해.

활판 인쇄술은 각각의 활자를 만든 다음, 이것을 조합하여
원하는 문자를 만드는 방법이야.
활자를 여러 번 다시 쓸 수 있다는 장점이 있어.
활판 인쇄술은 11세기에 중국의 필승이 처음 발명했는데,
이때는 진흙으로 활자를 만들었기 때문에 쉽게 망가졌어.
우리나라에서는 12세기경에 놋쇠로 금속활자를 만들어서 사용했는데,
세계 최초의 금속활자 인쇄본은 우리나라에서 1377년에 간행된
《백운화상초록불조직지심체요절》이란다.
독일의 구텐베르크는 1450년에 금속으로 만든 활판 인쇄술을 발명했고,
이어서 인쇄기를 발명했어. 이 기계로 성경을 인쇄하기도 했지.

활판 인쇄술과 인쇄 기술이 결합되면서 문화와 도서 시장은 크게 발전했어.
1500년경에 일어난 인쇄 혁명은 많은 사람을 부자로 만들었지.
사람들은 여러 책에서 구텐베르크에게 영광을 돌렸어.
하지만 구텐베르크는 이 모습을 보지 못하고,
1468년에 파산한 상태에서 쓸쓸하게 생을 마쳤다고 해.
대부분의 발명가들처럼 구텐베르크도 생전에는 자신의 발명을 인정받지 못한 거야.

인쇄술이 발달하기 전에는 글자를 쓰고 그림을 그리는 일이
예술 행위로 여겨졌어.
그래서 초기에 만들어진 활자들은 손 글씨 모양을 따랐지.
활자 하나하나는 예술 작품과도 같았어.
초기에 활판 인쇄로 만들어진 책들은 내용뿐 아니라,
예술품으로서도 굉장한 가치를 지니고 있어.
유럽에서는 이 책들을 '인큐내뷸럼(incunabulum)'이라고 한단다.

인쇄술이 발전하자, 누구나 쉽게 책을 접할 수 있게 되었어.
지금은 몇 시간 만에 수천 권의 책을 인쇄할 수 있지.
레이저 프린터를 이용하면 집에서도 책을 인쇄할 수 있어.

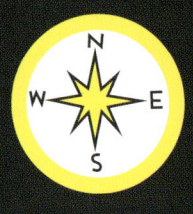
기원후 200년경
나침반

기원후 1100년경
조향핸들

기원전 400년경
돋보기

기원후 1100년경
열기구

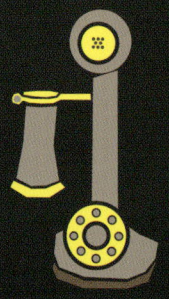
기원후 1800년경
전화기

기원전 1400000년경
불의 사용

기원전 2500000년경
석기 사용

기원전 64000년경
활

기원전 7500년경
노를 젓는 배

기원전 3500년경
바퀴

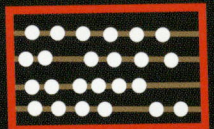
기원전 450년경
주판

기원전 100년경
편자

기원전 3200년경
수레

기원후 500년경
깃펜

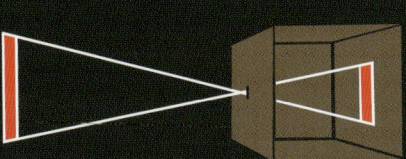
기원전 400년경
카메라 옵스큐라

기원후 900년경
화약

기원후 1300년경
기계식 시계

기원후 1400년경
금속활자

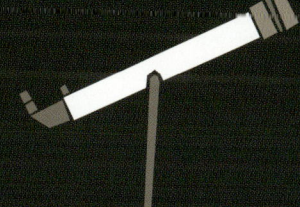
기원후 1500년경
망원경

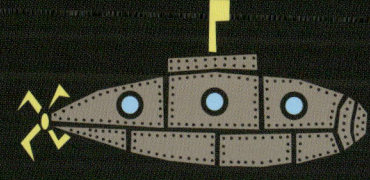
기원후 1600년경
잠수함

지식 하나 더!

중요한 발명들은 인류 발전을 이끌어 왔어. 발명은 삶의 방식을 변화시키고, 또 다른 변화를 불러오지. 하나의 발명이 다른 발명과 융합되어 더 나은 무언가를 만들어 내기도 해. 바퀴, 금속, 문자, 전기, 인쇄, 영화, 라디오, 인터넷 등의 발명은 인류 역사에 큰 변화를 가져왔어. 앞으로는 또 어떤 발명이 세상을 변화시킬까?

책 한 권에 이렇게 많은 사람이!

책 한 권이 만들어지기 위해서는
많은 사람들의 노력과 시간, 비용이 필요해.
지금 읽고 있는 이 책도 많은 노력을 들여 완성되었단다.
책이 어떤 과정을 거쳐 만들어지는지 살펴볼까?

1. 글을 쓰고 그림을 그린다.
2. 편집자에게 원고를 보낸다. (편집자는 책을 만드는 모든 과정을 관리하는 사람으로, 이 원고가 책으로 만들 만한 가치가 있는지 없는지를 판단한다.)
3. 디자인과 책 꼴을 구성한다.
   책 크기를 정하고, 글자 모양을 정하고, 필요한 경우에는 그림과 사진 등을 넣는다.
4. 글을 읽기 좋게 다듬거나, 번역한다. (편집자는 여러 번에 걸쳐서 글을 매끄럽게 다듬는다. 다른 언어로 쓰인 책이라면 번역한 다음에 글을 다듬는다.)
5. 검토한다. 책을 인쇄할 종이 종류를 선택한 다음, 책 한 벌을 시험 인쇄하여 검토하고 수정한다.
6. 최종 원고를 종이에 인쇄한다. 인쇄기로 500권, 1,000권, 3,000권 등 필요한 만큼 책을 인쇄한다.
7. 제본한다. 낱장으로 이루어진 종이를
   책 형태로 묶는 작업으로,
   대부분의 과정이 기계화되었지만,
   일부는 사람이 직접 해야 한다.
8. 창고로 보낸다.
9. 서점과 도서관으로 보낸다.
10. 독자 손에 도착한다.

지식 하나 더!

고대 로마에는 시인과 작가들이 모이는 서점들이 많았어. 책을 사고파는 무역도 아주 활발했지. 사실 이런 문화는 그리스에서부터 시작된 거야. 그리스에서는 책을 만드는 과정이 단순했어. 작가가 서점에 가서 책에 적을 내용을 말하면, 서점 노예가 받아 적고, 서점 주인이 편집해서 책으로 만들어 팔았지. 책을 파는 사람을 '비블리오폴라(bibliopola)'라고 불렀는데, 아주 드물지만 지금도 유럽에서는 이 단어를 써. 《글자가 자라서 도서관이 되었대!》 책이 있는지 궁금하다면, '비블리오폴라'에게 물어봐!

도서관

동굴부터 도서관까지

선사시대 사람들은 제사를 드리는 공간에 그림을 그렸어.
같은 동굴이어도 일상생활을 하는 공간에는 그림이 없었단다.
사람들은 동굴벽화로 종교 의식을 설명하거나 이야기를 전달했어.
그렇다면 벽화가 그려진 동굴 공간이나, 이집트 신전의 안쪽 벽을
도서관이라고 할 수 있을까?
아니, 벽화를 책이라고 할 수 없는 것처럼 동굴은 도서관이라고 할 수 없어.

세계 최초의 도서관은
메소포타미아의 아시리아에서
만들어졌단다.
아슈르바니팔 왕이 니네베 도시에
세웠던 도서관 유적지에서는
설형문자가 새겨진
3만 5천여 장의 점토판이
발견되었어.

지식 하나 더!

고대 파피루스나 양피지 두루마리는 햇빛에 약하고, 벌레들이 파먹기도 쉬웠어. 그래서 그리스인들은 '비블리오테케(bibliothēke)'라는 나무상자에 책을 넣어서 보관하기 시작했어.
비블리오테케는 지금의 도서관과 똑같은 기능을 했지.
bibliothēke는 biblio(책)와 thēke(나무상자)를 합해서 만들어진 단어야.

이집트에도 도서관이 있었어.
도서관은 수많은 지식과 책이 보관된, 아주 중요한 곳으로 여겨졌단다.
마취 없이 수술하는 외과의사가 있었을 정도로 발달한
이집트 의학도 파피루스 책에 적혀 있었으니, 그럴 수밖에!
이집트 사람들은 주요 신전마다 도서관을 지었고
이곳을 '생명의 집'이라고 불렀어.
도서관에서 일하는 사서들은 종교 의식이나 사제들에 대한 기록,
파라오의 이미지들을 벽에 상형문자로 남겼어.
파피루스 책에 도시의 회계나 법을 기록하기도 했지.
사서는 문자를 읽고 또 쓸 수 있었기 때문에
사회적으로 인정을 받았단다.
사서들의 묘지는 귀족계급과 같은 공간에 있었고,
묘지 안쪽 벽에는 살아생전에 한 일들이 기록되었을 정도였지.
사서 일은 부모가 자식에게 가르치고 물려주는 것이었어.

이집트의 도서관 사서들

지식 하나 더!
고대 이집트 신전과 도서관 벽에서 우리는 종종 세스헤트를
만날 수 있어. 세스헤트는 기록과 역사의 여신이자
문자의 발명가로 '책방의 여주인'이라고도 불렸단다.

지식 하나 더!

로마 시대에는 해방을 약속받은 노예들이 도서관을 관리했어.
로마 제국은 엄격한 계급사회였어.
모든 권력을 가진 황제, 황제의 통치를 돕는 귀족, 자유로운 신분이지만
투표권은 없는 평민, 자유가 없는 노예 순서였지.
노예는 가축이나 가구처럼 주인의 소유물이었고, 아무런 권리가 없었어.
노예의 가장 큰 소망은 해방 노예가 되는 것이었지.

그리스와 로마의 도서관

기원전 2세기 중반, 로마 제국은 그리스를 정복했어.
그리스의 문화, 도서관, 철학, 시 등이 로마로 들어오면서,
로마의 수도에는 파피루스와 양피지, 코덱스가 유행했어.
책을 사고파는 일도 활발해졌지.
로마 귀족들은 자신의 집에 호화롭고 비싼 도서관을 만들고 싶어 했어.
책을 많이 가지고 있을수록 사회적으로 더 인정받는 사람으로 여겨졌기 때문이야.
글을 쓰거나 읽지 못하는 귀족들은 글을 아는 해방 노예들을 소유하고 책을 사들였지.
모든 귀족들의 개인 도서관을 채워 넣으려니, 로마에는 늘 책이 모자랐어.
결국 로마는 세계 최초로 공공도서관을 만들었단다.
귀족들은 공공도서관에서 책을 빌린 다음, 노예에게 베끼도록 했어.
이런 방법으로 더 많은 책을 소유하게 된 거야.
철학자 세네카는 이런 귀족들을 '파피루스 두루마리 수집가'에 불과하다고 비판했어.
책을 가지고 있을 뿐, 해방 노예들보다 아는 게 없었으니까.

로마보다 먼저 그리스를 정복한 사람은 사실 마케도니아의 알렉산더 대왕이었어.
알렉산더는 아리스토텔레스에게 문화 교육을 받았고,
전쟁과 정치에 대해서도 공부를 많이 한 사람이었어.
그는 다른 나라 영토를 정복할 때, 법과 정치 구조를 바꾸어서 서로 융합할 수 있도록 노력했어.
이집트 정복 역시 평화롭게 진행해서, 이집트 사람들은
알렉산더 대왕을 파라오라고 부르며 반겼다고 해.
알렉산더 대왕은 화합과 평화를 얻는 유일한 방법을 문화와 교육에서 찾았어.
그 방법의 하나로, 이집트 나일강 유역에 알렉산드리아 도시를 세우고,
세계에서 가장 큰 도서관을 짓기 시작했어.
평화롭고 조화로우며 문화적으로 성숙한, 세계 최고의 도시를 만들려고 한 거야.
알렉산더 대왕을 이어 이집트 통치를 맡은 프톨레마이오스 1세는
해안에서 가장 가까운 파로스 섬에 140미터 높이의 대등대를 세워서
지중해를 지나는 배들이 모두 알렉산드리아의 위치를 알 수 있도록 했어.
또한 알렉산드리아 도서관을 완공하고, 이 도서관에 채울 책들을 모으려고 모든 방법을 동원했지.
먼저 알렉산드리아 항구에 도착한 모든 선박을 검사해서
파피루스 책이 발견되면 제사장들에게 보냈어.
제사장들은 책을 베껴 쓴 다음, 원본을 도서관에 보관하고,
새로 만든 책을 주인에게 돌려주었지.
이집트 군인들은 새로 점령한 도시에서 도서관을 발견하면
책들을 모두 알렉산드리아로 가져갔어. 알렉사드리아에서는
책을 사고파는 일 또한 활발하게 이루어졌단다.
이러한 노력(?) 덕분에 알렉산드리아 도서관은
100만 권에 가까운 파피루스 책을 모을 수 있었어.
그리고 이후 수백 년 동안 세계에서
가장 중요한 도서관이 되었지.

세계 최고의 알렉산드리아 도서관

알렉산드리아는 거대한 도시였어. 이곳에는 교육을 위한 공간들, 도서관이 딸린 공간과
철학, 과학, 의학 등을 공부할 수 있는 공간들도 있었단다.
알렉산드리아는 세계 각국의 종교 대가, 석학, 철학자 들을 초대하면서
수많은 사회적 특권들을 약속했어. 이들은 알렉산드리아에서 지식을 연구하고 또 전파했고,
그렇게 알렉산드리아는 고대 지식의 중심이 되었어.
한편으로 알렉산드리아 도서관은 평화의 상징이었어. 전 세계에서 모여든 학자들이
지식과 문화가 모든 분쟁을 뛰어넘어 전쟁과 거리를 둘 수 있도록 노력했기 때문이야.

하지만 지금 알렉산드리아 도서관이 있던 자리에는 바위 하나 남아 있지 않아.
결국 전쟁과 분쟁이 모든 것을 파괴했기 때문이지.
지금 우리가 해야 할 일은 알렉산드리아 도서관이 지향하던 지식과 공존을
우리 마음속에 새기도록 노력하는 일인지도 몰라.

지식 하나 더!

기원전 2세기경 페르가몬의 도시에도 도서관이 지어지기 시작했어.
페르가몬은 알렉산드리아 도서관보다 훨씬 더 크고 더 많은 책을 가진 도서관을 지으려고 했어.
알렉산드리아 도서관장을 납치하려고까지 했지! 알렉산드리아 통치자였던
프톨레마이오스 1세와 2세는 페르가몬이 도서관을 지을 수 없도록 강력한 조치를 취했어.
도서관장을 감옥에 가둬서 누구도 납치할 수 없도록 하고, 파피루스의 판매를 막은 거야.
그러자 페르가몬은 동물 가죽으로 양피지를 만들기 시작했어! 결국 페르가몬의 도서관은
양피지 두루마리 책들로 채워졌단다. 얼마 지나지 않아 페르가몬은 세계 최대 양피지 도시가 되었지.
양피지(parchment)라는 단어는 페르가몬(Pergamon)에서 유래한 거야.

도서관을 사랑한 클레오파트라

이집트 최후의 여왕 클레오파트라는
알렉산드리아 도서관에서 교육 받은 사람이었어.
예술과 철학 등 다양한 분야에서
지식과 교양을 쌓았을 뿐만 아니라,
여러 나라 언어를 할 수 있었고,
야망도 컸지.
어느 날, 로마 제국의 율리우스 카이사르가
이끄는 군대가 알렉산드리아 도서관에
불을 냈어. 도서관의 열렬한 지지자였던
클레오파트라는 크게 화를 냈지.
하지만 오래 지나지 않아
카이사르와 클레오파트라는
서로 사랑하는 사이가 되었다고 해.
하지만 카이사르는 안타깝게도 죽음을 맞았단다.
이후 클레오파트라는 카이사르의 동료였던
안토니우스와 다시 한 번 사랑에 빠져.

지식 하나 더!
코브라는 클레오파트라가 키우던 독사로 유명해. 독성이 아주 강해서, 고대 이집트에서는 신성한 파라오의 상징으로도 쓰였지. 그런데 알고 있니? 사실 코브라의 원산지는 아프리카야!

클레오파트라 여왕은
책과 알렉산드리아 도서관을 매우 사랑했어.
마르쿠스 안토니우스 장군은
이 사실을 알고 페르가몬 도서관에서
20만 권의 책을 가지고 나와
클레오파트라에게 선물했지.
그래서 클레오파트라가 안토니우스를
더 사랑하게 된 건지도 몰라.
하지만 안토니우스는 로마 안에서
세력을 잃고 죽고 말았고,
로마인들은 클레오파트라의 왕위를 빼앗고
이집트를 정복하려고 했어.
로마인들이 궁 안으로 쳐들어오기 전,
클레오파트라는 소파에 누워
코브라가 담긴 과일 바구니를 열었어.
클레오파트라와 고대 이집트는
이렇게 마지막을 맞이했지.

히파티아는 역사에 기록된 최초의 여성 철학가이자 과학자야.
알렉산드리아에서 태어나 알렉산드리아 도서관에서 교육을 받은,
도서관이 낳은 여성 과학자지.
히파티아는 과학과 철학 연구에 모든 것을 바쳤고 꾸준한 강의로 제자들을 길러냈어.
그녀는 자신의 유일한 사랑은 과학이므로 남자와 결혼하지 않을 것이며,
사회가 따르는 그리스도교를 따르지 않겠다고 주장했어.
여성이 남성 아래에서 보호 받아야만 한다고 믿었던 사회에서
히파티아의 주장은 파격적이었지.

결국 히파티아는 여성이라는 이유로, 사회의 요구대로 살지 않았다는 이유로
잔인하게 처형되었고, 히파티아가 쓴 모든 책들도 파괴되었어.
하지만 나중에 유명인사가 된 제자들은 히파티아가
위대한 과학자이자 사상가이며 최고의 스승이었다고 증언했어.

실제로 히파티아는 천체 관측기 발전에 많은 노력을 기울인 발명가였어.
위성도 레이더도 전등도 없던 시절, 뱃사람들이 항구로 돌아오는 유일한 방법은
하늘의 별자리를 읽는 거였어. 히파티아는 별을 관측하고 천체 지도를 그렸을 뿐만 아니라,
액체 비중계, 물 여과 장치 등 많은 발명을 한, 뛰어난 과학자였단다.

지식 하나 더!

히파티아는 비판적이고 철학적으로 생각하도록 제자들을 이끌었어. 그녀는 제자들이 자유롭게 학문을 연구하는 한편으로, 학문을 진정으로 사랑하는 사람이 되기를 바랐어. 히파티아의 책은 모두 파괴되었지만, 제자들이 그녀의 강연이나 수업 내용, 일화들을 세상에 알리면서 히파티아의 생각도 알려질 수 있었지. 히파티아는 말했어.
"생각할 권리를 주장하라. 바른 생각을 하지 않았더라도 생각하지 않는 것보다 낫다."

파괴되고
또다시 세워지는
도서관

로마 제국이 멸망하고 알렉산드리아 도서관이 파괴되자
그리스도교인들은 30만 권 이상의 성서 사본을 모아서
팔레스타인에 '가이사랴 도서관'을 세웠어.
하지만 몇 백 년 후 팔레스타인이 아랍에 정복되면서
가이사랴 도서관 역시 파괴되었지.
알렉산드리아 도서관에 몸담았던 학자들은 콘스탄티노폴리스로
몸을 피해 콘스탄티노플 제국 도서관을 만들었어.
이 도서관은 약 천 년 동안 명성을 유지했지만,
13세기 십자군전쟁 때 파괴되고 말아.

한 나라를 침입하거나 정복할 때
도서관을 가장 먼저 파괴하는 이유는
무엇일까?

암흑의 시대, 중세의 도서관

이집트 파라오와 로마 제국이 멸망하면서 고대가 끝나고
5세기경에 중세가 시작되었어.
중세는 발전, 사상, 자유를 가로막는, 어둡고 끔찍한 시기였지.
책은 통제되고 몰래 보관되었어.
교회 도서관이나 수도원에서는 종교적인 내용을
고대 라틴어로 필사하고, 코덱스로 만들어서 보관했어.
승려들은 수도원 안에만 머물며 예술 작품과도 같은 책을 만들면서 한평생을 보내야 했지.
하지만 그 덕분에 예쁘고 섬세한 양식의 그림과 멋진 손글씨가 어우러진
수많은 책들이 만들어졌어.

중세에는 책과 도서관이 곧 권력이었어. 책을 읽고 지식을 쌓을 수 있는 사람이
아주 적었기 때문이야. 지금이 중세라면, 《글자가 자라서 도서관이 되었대!》는
만들어지지 못했을 거야. 만들어졌다고 해도 어린이들이 읽을 수 없었겠지.
누구도 읽고 쓰는 법을 가르쳐 주지 않았을 테니까.
중세 사람들은 글을 아는 사람이 시키는 대로 살아가야만 했어.

사람들은 중세를 암흑의 시대라고 불러.
사람들은 교회가 지시하는 대로 생각해야 했고.
다른 생각을 품는 건 아주 위험했어. 누군가 책을 썼는데
그 내용이 종교 권력자들의 마음에 들지 않으면, 책과 함께 화형대로 보내졌어.
게다가 여성은 글을 쓰면 안 됐어!
모든 재판은 종교재판소에서 이루어졌는데, 판결이 아주 극단적이었어.
사람을 산 채로 불태우는 화형대라니, 종교재판소라는 이름만 들어도 무섭지 않니?

중세에는 다음 몇 가지 생각만 진리로 인정받았어.

- 지구는 평평하다.
  사람들은 스페인 갈리시아 지방에 있는
  피니스테레곶이 지구의 끝이라고 생각했어.
  그래서 더 이상 배를 몰고 나가지 못했어.
  피니스테레를 지나 바다로 더 나가면,
  우주로 떨어진다고 믿었지.

- 성부, 성자, 성령은 하나의 실체인 하나님 안에 존재한다. (삼위일체설)

  미카엘 세르베투스는 폐순환을 발견한 사람으로,
  의사이자 법률가이자 신학자였어.
  하지만 그리스도교가 따르던 삼위일체설을 반대하다가
  화형당하고 말아.

- 우주와 태양은 지구를 중심으로 돈다.

  지구가 태양 주위를 돈다고 주장한 첫 번째 학자는 코페르니쿠스였어.
  그는 《천체의 회전에 관하여》라는 책을 썼지만,
  교황청은 이 책을 금서로 정해서 사람들이 읽지 못하도록 했어.
  약 70년 후, 존경받는 과학자이던 갈릴레오 갈릴레이가
  코페르니쿠스의 이론이 맞다고 주장하고 나섰어.
  그러자 교황청은 종교재판을 열었지.
  갈릴레오는 화형을 피하기 위해서 자신이 주장한 내용이 거짓이며,
  죽을 때까지 같은 얘기를 하지 않겠다고 맹세해야 했어.

지구는 둥글고, 끊임없이 움직이면서 태양 주위를 돌고 있어.
폐에 들어간 공기는 우리 몸 구석구석으로 전달되고, 또 순환하지.
우리는 이 사실을 어떻게 알고 있을까?
책과 도서관은 진리가 존재하는 데 어떤 영향을 미치고 있을까?
만약 우리에게 책이 없고, 글을 배우지 못해서 진리를 알지 못한다면,
우리는 터무니없는 거짓을 믿고 살아가야 할지도 몰라.
그래서 글을 읽는 일은 굉장히 중요해.
거짓에 속거나 휘둘리지 않기 위해서
우리는 책을 많이 읽고, 또 배워야 해.

지식 하나 더!
중세 사람들은 화상회의를 어떻게 생각할까?
50년 전으로 돌아가 인터넷 세상을 말한다면,
믿는 사람이 있을까? 하지만 지금은 인터넷이 없는 삶,
게임기가 없는 삶, 휴대전화가 없는 삶을 상상할 수 없지.
이처럼 지금은 상상조차 할 수 없는 무언가가
미래에는 당연한 것이 될 수도 있어. 미래에 우리는
어떤 사실을 알게 될까? 평행우주? 시간여행? 순간이동?

인류
책
도서관

모두를 위한 책이 필요해!

책이 한 번에 수천 권씩 인쇄되면서 세상에는 아주 큰 변화가 일어났어.
가장 큰 변화는 글을 읽고 쓰는 사람이 늘어났다는 거야.
문맹률의 변화는 15세기 중반에 중세가 끝나고 근세가 시작되는 바탕이었어.
사람들이 글을 통해 서로의 생각을 나누게 되자,
다양한 분야에서 발명과 발전이 이루어졌어.
이 내용은 다시 글로 기록되어 책으로 인쇄되었고, 또 다른 발전으로 이어졌지.
인쇄술의 발달은 여러 가지 다양한 지식을 더 넓은 지역으로 빠르게 퍼뜨렸어.
지식에 지식이 더해지면서, 현대사회는 굉장히 빠른 속도로 발전할 수 있었단다.

글과 책은 현대사회가 발전하는 가장 중요한 바탕이야.
그러므로 저개발국에 가장 필요한 일은
어린이들을 학교에 보내서 글을 가르치고, 도서관을 접하도록 하는 거야.
모두가 저마다의 능력을 발전시킬 수 있으려면 똑같은 기회가 주어져야 해.
이를 위해서는 누구나 글을 읽고 쓸 수 있어야 하고,
공공도서관에서 더 많은 책을 접하고 배울 수 있어야 하지.
모두가 열심히 배우고 익혀서 스스로의 생각을 가질 수 있도록,
누군가에게 속거나 이용당하지 않을 수 있도록,
모두를 위한 책, 모두를 위한 도서관이 더 많이 필요해!

지식 하나 더!

2015년 기준으로 전 세계 1억 2,400만 어린이들이 학교에 다니지 않고 있어. 이중 7,500만 명은 일하느라 학교에 가지 못해. 학교를 다닐 수 있다는 건 큰 행운이야. 원하는 책을 모두 읽을 수 있는 도서관에 갈 수 있다면 더 큰 행운이지!

도서관과 책은 인류와 함께 발전해 왔어.
점토판, 파피루스와 양피지 두루마리 책이 보관되어 있던 도서관에서부터,
수도사들이 희미한 촛불 아래에서 만든
거대한 코덱스가 보관되어 있던 수도원의 도서관을 거쳐,
지금의 공공도서관으로 발전해 왔지.
지금의 우리는 언제든지 도서관에 가서 책을 보고,
다양한 문화 활동을 즐길 수 있어.

도서관은

도서관은 세금으로 운영되는, 우리 모두를 위한 공공장소야.
그래서 입장료도, 책을 빌리는 비용도 받지 않아.
도서관뿐 아니라 학교, 공원, 교통 표지판, 신호등, 의료처럼
개인이 감당하기에는 어려운 일들은 모두 세금으로 운영되고 있어.
모두에게 공평한 기회를 주기 위해서지.
도서관과 같은 모두를 위한 공공장소와 시설들이 잘 운영되려면
우리 모두가 규칙을 잘 지키고 잘 관리해야 해.
모두가 힘을 합치면 우리는 더 많은 것을 누릴 수 있어.

끝없이
　　변하고 있어!

도서관에는 수천 권에서 수백만 권에 이르는 책이 보관되어 있어.
도서관 사서는 이 책들을 분류하고 관리하는 일을 하지.
책은 십진분류법(DC)에 따라 분류해.
먼저 독자들의 나이, 책의 주제, 형식 등에 따라 책을 분류한 다음,
지은이, 제목 등 책에 대한 정보를 넣어서
숫자와 기호로 이루어진 이름표를 만들어.
이것을 청구기호라고 해.
청구기호가 만들어지면, 책등과 앞면에 붙이고,
순서에 맞게 책꽂이에 꽂아.
도서관의 모든 책은 청구기호를 갖고 있어.
그래서 우리는 누구나 쉽게 보고 싶은 책을 찾을 수 있지.

지식 하나 더!

인쇄술이 발달하고 같은 책이 여러 권씩 만들어지면서 책은 잘 보존되고 있어.
그런데 요즘에는 종이가 아니라, 전자기기에서만 볼 수 있는 책들도 많단다.
하지만 걱정하지 마. 시스템이 바뀌거나 첨단 기술이 발전하거나, 심지어
인터넷이 없어도 예전 기록들을 읽을 수 있도록 다양한 장치들이 마련되어 있으니까.

도서관을 이용하려면 먼저 회원 가입을 해야 해.
회원 가입서에 개인 정보를 적은 다음, 사진을 찍으면 회원증을 만들어 줘.
도서관 회원증이 있으면 도서관에 보관 중인 책이나 CD를 빌려 볼 수 있어.
영화를 보거나 음악을 들을 수도 있고,
태블릿 등의 전자기기를 이용해서 전자책을 빌려 보거나
점자책이나 오디오북을 이용할 수도 있지.
그 밖에도 다양한 형태의 자료를 이용할 수 있어.

도서관에는 시, 만화, 소설, 마술, 게임, 요리에 관한 책뿐만 아니라
우주, 컴퓨터, 과학 등 수많은 분야의 수많은 이야기가 담긴 책들이 있어.
강아지 혼자 풍선을 타고 모험을 떠나는 판타지나 코믹이 있는가 하면
글 없이 그림만 있거나 다른 언어로 쓰인 책도 있지.
취향, 나이, 성별에 따라 우리는 읽고 싶은 책을 골라 볼 수 있어.
도서관에서 책을 빌려다가 며칠 동안 집에 두고 읽을 수도 있지.
이때 책은 깨끗한 상태로 반납해야 해. 도서관 책은 나만 이용하는 게 아니니까!

도서관을 이용하려면?

지식 하나 더!

점자는 시각장애인을 위한 글자야.
종이에 오돌토돌 올라와 있는 점들을
손가락 끝으로 만져서 읽을 수 있어.
엘리베이터의 숫자 버튼이나 구급상자를 보면
시각장애인을 위한 점자를 찾아볼 수 있어.

책은 모든 것의 바탕이야.
우리가 좋아하는 만화나 영화 중에도 책에서 시작된 이야기가 많아.
하나의 예로, 세계 최초의 영화 제작자 중 한 명인 프랑스 영화감독 조르주 멜리에스가
1902년에 만든 〈달 세계 여행〉은 SF소설의 시초로 불리는 쥘 베른의 책 《지구에서 달까지》를
바탕으로 만들어졌다고 해.

오늘날 도서관들은 인터넷 망으로 연결되어 있어,
도서관 회원증을 한번 만들면 여러 도서관의 서비스를 함께 이용할 수 있을 뿐만 아니라,
집에서도 도서관에 무슨 책이 있는지 찾아볼 수 있지.
태블릿이나 컴퓨터로 전자책을 읽는 사람이 많아지면서
전자책이 종이책을 대신할 거라고, 종이책이 곧 사라질 거라고 말하는 사람도 있어.
하지만 영화와 연극이 함께 존재하는 것처럼,
종이책과 전자책은 미래에도 함께 존재할 거야.
종이책으로 봐야만 하는 책들이 있기 때문이지.
책의 향기, 두 손으로 전달되는 느낌까지 컴퓨터 모니터가 가져다줄 수는 없으니까.
우리 친구들은 어떤 책을 좋아하니? 어떤 형태의 책을 보고 싶어?
종이책? 전자책? 소리책?

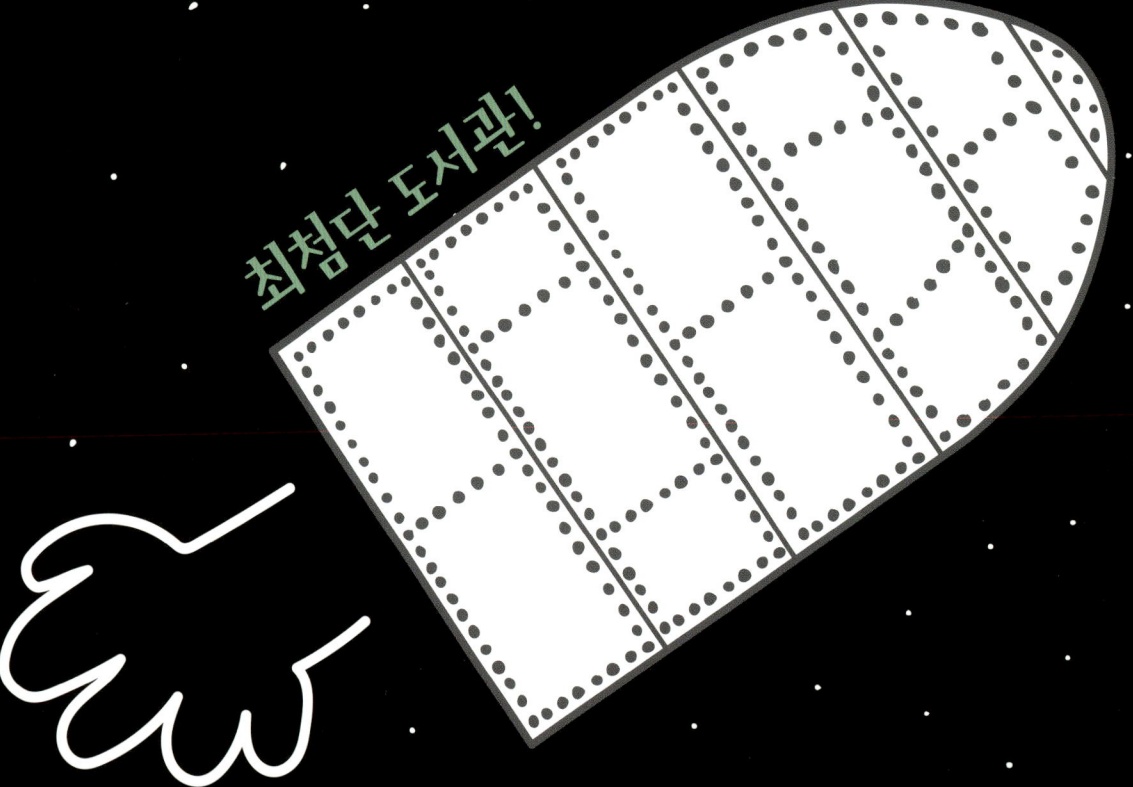

최첨단 도서관!

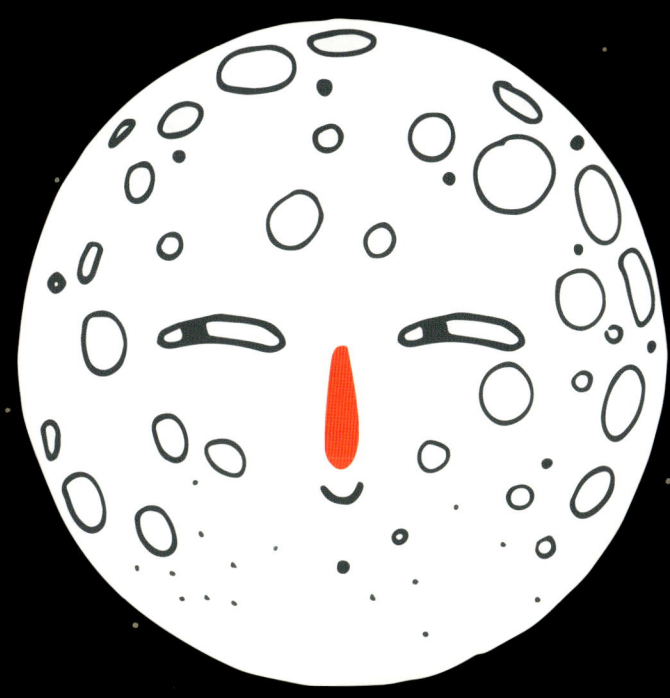

지식 하나 더!
세상에서 가장 오래된 페니키아 알파벳은 완벽한 문자가 아니었어.
모음이 없어서 글을 읽으려면 그림과 함께 해석해야 했지.
그림과 기호에 익숙한 옛날 페니키아 사람들이 특수문자로만 이루어진
수백 가지 이모티를 본다면 어떨까? 설명이 없어도 완벽하게 이해하지 않을까?

도서관에서 쓰는 말말말!

공공도서관   '공공'은 공동체에 속해 있다는 뜻이야.
공공도서관은 사회의 모든 구성원이 다양한 방법으로
문화와 정보에 접근할 수 있도록 돕고 있어.
공공복지라고 할 수 있지.
모두가 질 높은 서비스를 똑같이 이용하기 위해서는
규칙을 잘 지키는 일이 아주 중요해.

도서 대출   도서관 회원이 되면 보고 싶은 책을 정해진 기간 동안
집에 가져가서 볼 수 있어.

도서관 회원증   도서관의 모든 서비스를 이용할 수 있는 카드야.
가까운 지역 도서관들이 통합망으로 연결되어 있기 때문에,
우리는 도서관마다 다니며 회원 가입을 하지 않아도
그 지역 안에 있는 모든 도서관을 이용할 수 있어.

디지털 자료실   오디오, DVD 등의 시청각 자료를 볼 수 있는 곳이야.
pdf 파일로 보관된 학술 자료도 찾아볼 수 있어.

보존서고   책의 크기, 가치, 희소성 때문에 보존서고에 따로 보관된 책들이 있어.
이 책들은 도서관 안에서만 볼 수 있지.

분야   주제별, 분야별로 책을 보관하는 다양한 그룹, 공간, 책장 등을 말해.
도서관에서는 같은 분야의 책을 같은 공간에 모아 놓았어.
덕분에 쉽게 자료를 찾을 수 있지.

상호대차 서비스   가까운 곳에 위치한 도서관들끼리 책을 주고받는 제도야.
보고 싶은 책이 내가 다니는 도서관에 없을 때,
다른 도서관에 보관된 책을 신청하면 원하는 도서관으로 책을 가져다주지.
멀리 가지 않아도 우리는 가까운 도서관에서
보고 싶은 책을 빌려 볼 수 있어.

ㄱㄴㄷ 순서	도서관의 책들은 분야별, 내용별로 분류된 다음, 저자 이름, 제목에 따라 순서대로 정리돼. 한글 책은 ㄱ~ㅎ 순서로, 영어 책은 A~Z 순서로, 일어 책은 히라가나 순서로 정리되지.
연속간행물 열람실	도서관에서 볼 수 있는 신문 및 잡지 자료실을 말해. 백 년 넘게 지난 신문기사가 보관되어 있는 곳도 있어. 이 자료실 덕분에 우리는 오래전에 일어났던 사건을 조사하거나 특정한 시기, 또는 우리가 태어난 날의 주요 뉴스를 쉽게 찾아볼 수 있어.
자료실	도서관의 모든 자료가 보관되어 있는 곳이야. 종이책은 물론, 전자책과 오디오북, CD, 잡지와 같은 정기간행물 등을 찾아볼 수 있어. 도서관 회원증이 있으면 대출도 할 수 있어.
청구기호	도서관에 보관된 책들이 하나씩 갖고 있는 고유한 기호야. 문자와 숫자로 구성되는데, 책의 분야, 지은이, 제목 등에 따라 기호가 정해져. 청구기호는 책이 어디에 있는지 위치를 알려 주고, 다른 책과 구분해 주는 역할을 해. 책들의 주소이자 이름표라고 할 수 있지. 우리나라 도서관들은 한국십진분류법(KDC, Korean Decimal Classification)에 따라 책을 분류하고 또 보관하여 쉽게 찾을 수 있도록 하고 있어.
희망도서 구입 신청	도서관에 원하는 책이 없으면, 책을 구입해 달라고 신청할 수 있어. 책, 음악, 비디오, 잡지 등 도서관에 있으면 좋겠다고 생각하는 자료를 신청하면 도서관은 심사를 거쳐서 그 자료를 구입해.

글자가 자라서 도서관이 되었대! : 문자, 책, 도서관에 관한 재미있는 이야기

글쓴이 마르 베네가스 | 그린이 미리암 모랄레스 | 옮긴이 김유진 | 감수 김슬옹 | 펴낸이 곽미순 | 책임편집 윤소라 | 디자인 이순영

펴낸곳 ㈜도서출판 한울림 | 기획 이미혜 | 편집 윤도경 윤소라 이은파 박미화 김주연 | 디자인 김민서 이순영 | 마케팅 공태훈 윤재영 | 경영지원 김영석
출판등록 2004년 4월 12일(제2004-000032호) | 주소 서울특별시 마포구 희우정로16길 21
대표전화 02-2635-1400 | 팩스 02-2635-1415 | 홈페이지 www.inbumo.com
블로그 blog.naver.com/hanulimkids | 페이스북 www.facebook.com/hanulim | 인스타그램 www.instagram.com/hanulimkids
첫판 1쇄 펴낸날 2021년 7월 15일 2쇄 펴낸날 2021년 11월 29일   ISBN 979-11-6393-075-4 73700

이 책은 저작권법에 따라 보호 받는 저작물이므로, 저작자와 출판사 양측의 허락 없이는 이 책의 일부 혹은 전체를 인용하거나 옮겨 실을 수 없습니다.

* 한울림어린이는 ㈜도서출판 한울림의 어린이 책 브랜드입니다.   * 잘못된 책은 바꾸어 드립니다.

어린이제품안전특별법에 의한 제품 표시 제조국 대한민국 사용연령 7세 이상